VOGLIO VENDERE ONLINE!

La guida fiscale per farlo…

in

REGIME

FORFETTARIO

(nel 2023)

DEBORAH POINELLI

DEDICA

Questa cosa, qualunque sia il suo esito ed il suo destino, la dedico a Me.

CONTENUTI

VOGLIO VENDERE ONLINE! La guida fiscale per farlo… in REGIME FORFETTARIO (nel 2023)

1. PERCHE' E PER CHI

La **vendita online** è un'attività sempre più ambita e diffusa, che non trova limiti in termini geografici e neanche in termini anagrafici e sociali.

Un sogno ricorrente ed accessibile a tutti, dal ragazzino che si sente forte nel web, alla donna più matura, che ha voglia di cambiare vita.

Ma quando questo smette di essere un sogno e diventa una vera **"attività imprenditoriale"**? Quando smette di essere un gioco e diventa qualcosa da mettere "in regola"?

E **come fare per mettersi in regola**, senza commettere errori che possono costare più cari dei guadagni ottenuti?

Ho conosciuto ragazzi che hanno iniziato nella loro cameretta mentre si diplomavano e che, in qualche anno, si sono trasferiti a Malta, Dubai o... in giro per il Mondo, da veri nomadi digitali.

E madri con una incontenibile voglia di riscatto personale, che hanno trasformato un timido hobby in una fonte di reddito, facendo la differenza per l'economia famigliare.

Un senso di **autogestione e libertà**, spesso raggiungibile anche con poche risorse iniziali… se hai la giusta base di partenza ed una pianificazione costante.

Scegliere il giusto prodotto. La migliore sponsorizzazione.

Ed anche la pianificazione fiscale più efficace.

Affinché questo business possa davvero crescere sano, forte e inattaccabile, è necessario iniziare con i giusti strumenti, che potrebbero variare anno dopo anno.

Ma qual è l'**equipaggiamento fiscale** con cui partire e come capire quando è arrivato il momento di cambiarlo? Essere in una **vetrina mondiale** e fare tutte transazioni tracciabili, sono 2 condizioni che certo non sfuggono agli occhi **dell'Agenzia delle Entrate.** Se *vuoi vendere online e vuoi farlo in regola,* ecco un guida semplice e concreta, per aiutarti a capire come agire in modo fiscalmente corretto.

In questi anni ho fatto **oltre mille video call** che mi hanno permesso di entrare nelle case e nelle vite di persone con età, storie e bisogni davvero diversi tra loro, ma tutte con uno strumento comune tra le mani:

un **account per vendere online.**

Che tu venda le tue opere d'arte, i salumi prodotti da papà, una crema americana che promette di ringiovanire dieci anni…

vedremo insieme se ti serve una **partita iva**, quale **forma giuridica** scegliere, come versare i contributi e come procedere operativamente, step by step.

Ti aiuterò ad acquisire qualche nozione in più, **rispondendo alle domande più frequenti, raccolte dai tantissimi sellers**, che ho conosciuto alla scrivania nella loro cameretta ed accompagnato fino a *raggiungere… l'America!*

Tranquillo. Non citerò nessun articolo del Codice Civile, né userò espressioni troppo tecniche, perché il mio obiettivo non è scrivere un'altra tesi di laurea, bensì quello di **renderti davvero consapevole** di *quale sia, per te, la migliore strada fiscale da percorrere.*

E poiché so molto bene che i fatti spiegano più di tante parole, non mancheranno: esempi di **casi** realmente **accaduti**; consigli pratici sulla **gestione contabile**; indicazioni sugli strumenti di **fatturazione**; suggerimenti di **software** che potrebbero semplificare la burocrazia; un sintetico riepilogo delle principali **scadenze fiscali**.

Non solo proverò a trasmetterti i concetti in modo semplice e chiaro, ma voglio anche trattare nel modo più leggero possibile un tema pesante per natura, così da evitare che tu possa addormentarti già al capitolo 1.

Ah, giusto, forse **dovrei presentarmi**.

Mi chiamo Deborah Poinelli e sono tante cose, che la potremmo riassumere così:

una **Donna** di 35 anni, con una laurea in economia… che mi conferisce il titolo di "**Dottoressa**"; ho un anello al dito… che fa di me "**Signora**"; ho due splendidi bimbi… che mi chiamano "**Mamma**"; sono amministratrice di una società di elaborazione dati… che fa di me "**Imprenditrice**".

Sono nata e cresciuta in un quartiere popolare della mia Città, in una famiglia dove si portava a fatica, e non sempre, il pasto a tavola, ma, nonostante la carenza di cibo, c'era sempre un posto in più per chi ne avesse bisogno.

Tra un crampo della fame e l'altro, spettatrice di persone

che avevano fallito e/o si erano autodistrutte, ho dato il massimo per far sì che il mio **destino** fosse **diverso**.

Passavo il tempo sui libri e quando non studiavo, guardavo fuori dalla finestra del diciottesimo piano e… **sognavo**.

Più vicina al cielo, che alla terra. Aggrappata alle stelle. Seduta sul pavimento, ammiravo un panorama mozzafiato. Soprattutto la sera, quando il buio nascondeva i difetti degli edifici grigi e imbrattati e l'arrivo della notte metteva a tacere il rumore di oltre 200 famiglie finalmente addormentate.

Ed al vertice di un edificio malvisto, da alcuni considerato addirittura malfamato, io innalzavo progetti e immaginavo un futuro brillante, incurante di chi sosteneva, *a bocca aperta e cuore chiuso*, che da quel palazzo "**non poteva uscire nulla di buono**".

Non so se sono "qualcosa di buono", ma "qualcosa" nella vita ho fatto.

Per esempio, ho scritto questo libro.

Perché questo libro?

A scuola ero piuttosto brava.

I **libri** erano motivo di evasione da un mondo troppo imperfetto. Leggendo potevo diventare una principessa, poi una eroina rivoluzionaria, una ragazza amata e popolare, una filosofa, oppure rivedermi in qualche protagonista tragico, forte e fragile allo stesso tempo. Da altri libri imparavo come fare cose. Altri ancora dovevo tradurli o interpretarli.

Ho sempre amato l'odore della carta, mettere il segno piegando l'angolo superiore della pagina destra e sottolineare qualche frase, che avrei dimenticato troppo in fretta.

Questa passione mi ha presto dato un buon metodo di studio, che mi permetteva di **imparare** in fretta.

E l'insegnamento famigliare di **condividere** sempre tutto, mi ha fatto sviluppare la capacità di trasferire agli altri quello che avevo, che si traduceva semplicemente… in quello che sapevo.

E così, dopo aver appreso il contenuto di un testo, mi impegnavo a fare **schemi ed appunti**, che potessero essere utili prima ai compagni meno appassionati o avvezzi alla lettura, poi, qualche tempo più in là, ai colleghi di lavoro e, ancora oggi, ai miei collaboratori ed ai clienti.

"Così è più chiaro, grazie!". "Ah ecco, ora ho capito!". "Spieghi molto bene!". "Rendi tutto più facile e divertente".

Queste le frasi gratificanti che spesso mi sono sentita dire, prima nella mia carriera di studentessa e poi in quella da professionista. E se, oggi, me lo sento ripetere dai clienti, a cui cerco di spiegare la disciplina fiscale, che, diciamocelo, non è certamente un tema né facile né divertente…

Allora, forse, ha un senso che io scriva questo manuale.

Onorata di avere qualcosa da insegnare.
Sostenitrice di chi vuole mettersi in gioco.
Certa che questo sia solo l'inizio di tante altre cose da imparare… anche da Te.

Deborah

2. COSA TROVERAI IN QUESTO LIBRO

Sono **più di mille le partite iva che ho aperto** in questi anni, tutte con il codice ateco 47.91.10 - *commercio al dettaglio di ogni tipo di prodotto effettuato via internet.*

E sono **molte di più le persone che ho conosciuto** che mi hanno contattata per avere info in merito all'apertura ed alla gestione contabile e fiscale di una attività di e-commerce o di vendita tramite marketplace come Amazon ed EBay.

Ho avuto il piacere di ascoltare tantissime storie diverse, ognuna con le proprie particolarità, ma ci sono delle domande e dei dubbi, che si sono ripetuti nella maggior parte di questi incontri.

"Posso vendere senza partita iva?"

"Posso aprire partita iva anche se sono dipendente?"

"Posso fare il forfettario?"

"Cosa serve per vendere su Amazon?"

"Che cosa è l'OSS?"

…E molte altre come queste.

In questo breve manuale, ho raccolto alcune di queste richieste, selezionando le prime che vengono in mente quanto si decide di iniziare a vendere online.

E le ho riproposte qui, provando a rispondere, proprio come faccio nelle mie video call quotidiane.

Non troverai, quindi, nessun riferimento normativo, nessuna definizione tecnica, nessun calcolo complesso.

Quello che vorrei trovassi in questo libro non è una mia tesi di laurea, bensì un **vademecum utile a tutti coloro che si interessano alla vendita online** e che vogliono fare un po' di chiarezza, prima di iniziare il proprio business.

Che tu venda su Amazon, EBay, i Social o abbia il tuo E-commerce… troverai delle indicazioni utili alla gestione contabile e fiscale del tuo business.

Molte indicazioni sono valide e utili a prescindere dal regime fiscale adottato.

Ma, proprio perché questo libro si rivolge a chi si sta approcciando a questo mondo, mi focalizzerò sul **regime**

forfettario; regime che, dove ci siano i presupposti, consiglio di adottare ed utilizzare come fosse…

la prima macchina dopo aver preso la patente.

Faccio spesso questa metafora quando mi chiedono se il regime forfettario sia "quello giusto per vendere online".

Diciamo che è proprio come dovrebbe essere la prima automobile dopo aver preso la patente.

È uno strumento semplice da gestire, economico e che non fa troppi danni, al portafoglio, in caso di incidenti.

Inoltre, nella sua semplicità, ha un vantaggio non da poco!

È un **regime esente iva**!

Per spiegartelo in parole semplici…nel prezzo di vendita che esporrai al pubblico, non va applicata l'iva.

E l'iva da sempre molto fastidio, soprattutto al consumatore finale, il privato che non può detrarla.

Oltre a fare felici i tuoi clienti, questo vuol dire che, rispetto ai tuoi competitors SRL o comunque a regime fiscale ordinario, potresti scegliere di vendere ad un prezzo inferiore, aiutando le tue pagine prodotto a crescere di posizionamento. E, quindi, fa un po' felice anche te!

Certo, c'è chi ti dirà che fiscalmente non conviene
perché… non detrai l'iva… non scarichi nulla…
pensa, non scarichi neppure gli scontrini della farmacia!

Vero!!! Ma…

Come ti mostrerò brevemente in queste poche pagine:

- il risparmio di tempo sugli adempimenti,

- i contributi INPS ridotti

- le tasse pari al 2% del tuo fatturato…

sono argomenti che ben compensano qualche
difettuccio, non trovi?

E, come dico spesso nelle mie video call…

Così come si è sempre in tempo per cambiare la prima

auto con una di lusso e full optional…

Ogni momento è buono per trasferire il proprio account in

una comoda e confortevole SRL.

Per ora… facciamo un po' di pratica!

3. SERVE LA PARTITA IVA?

"Buongiorno Dottoressa, sono Marco, piacere di conoscerla.

Allora… diciamo che ho iniziato a vendere da qualche mese.

Qualche prodotto, niente di serio!

Non sto ancora guadagnando molto, ma vorrei iniziare a fare sul serio!

Quindi… mi SERVE LA PARTITA IVA?"

Carissimo Marco, piacere mio!

Adoro gli amori estivi, le storie fugaci e le passioni passeggere, ma…

L'Agenzia delle Entrate è una tipa all'antica e non vede di buon occhio chi non si impegna.

Diciamo che, quando si parla di vendite, non accetta prestazioni occasionali.

Vendere online definisce un impegno volto alla continuità, che, ovviamente, contrasta con l'occasionalità.

So che per ora stai solo tastando il terreno e che non sai se sarà un'attività che porterai avanti, ma… il solo fatto che tu abbia acquistato uno o più prodotti con il fine di rivenderli, fa di te un commerciante. Acquistare per rivendere. Organizzarsi per farlo. Avere un intento di lucro.

Questo è fare Impresa.

E per questo, hai bisogno di una partita iva!

"Ma Dottoressa,

mio Cugino dice che

fino a 5.000 €

posso farlo…

per hobby!".

I cugini sono sempre ottimi confidenti, con i quali condividere serate euforiche e capodanni indimenticabili, ma… a meno che tuo cugino non sia un addetto ai lavori (fiscali, intendo), forse non è la persona più indicata per darti consigli in termini di partita iva.

Proviamo a fare una breve analisi delle varie figure che potresti interpretare come venditore online (ma non solo).

Parliamo di:

- *Prestatore Occasionale*

- *Hobbista*

- *Creativo*

- *Il rivenditore di beni usati*

IL PRESTATORE OCCASIONALE

Come dicevamo poco fa, l'amministrazione finanziaria non riconosce l'occasionalità nel commerciante.

L'acquisto di merci per la rivendita non è configurabile come prestazione occasionale. Mai.

Ci sono attività di consulenza che, se fatte occasionalmente, possono esonerarti dall'aprire partita iva… ad esempio, l'account manager.

Se decidi di gestire l'e-commerce o il marketplace per conto di un cliente, allora puoi iniziare emettendo ricevuta per prestazione occasionale.

Ma non se il commerciante sei tu!

L' HOBBISTA

Se volessimo dare una definizione generica di hobbista, potremmo dire che è un soggetto che **vende prodotti realizzati** *home made,* in maniera non professionale.
Cosa vuol dire "non professionale"?

L'hobbista:

- Vende, baratta o scambia prodotti che non possono hanno un valore superiore a € 250 (il limite in alcune regioni scende fino a € 100)
- Svolge l'attività in modo occasionale. L'attività di partecipazione e vendita viene svolta in modo del tutto saltuario, in modo non professionale, senza
  vincolo di subordinazione e senza vincolo di mezzi.

Ad esempio, sei hobbista se partecipi a un mercatino
l'anno, ma non se sei presente in tutti i mercatini della
tua città.

Gli **hobbisti** sono degli artigiani… che mancano del
requisito della abitualità dell'attività.

IL CREATIVO

Il creativo è la **versione puramente artistica dell'hobbista.**

Se l'hobbista è una sorta di artigiano che assemblea pezzi
esistenti, il creativo… crea dal nulla le sue opere.

Ne vanta appieno il diritto di paternità.

Ed ecco che il creativo può permettersi di non avere una partita iva, ma di beneficiare della disciplina dello sfruttamento del diritto d'autore.

IL VENDITORE DI BENI USATI

Se la nonna ha una cantina da svuotare, se vuoi liberarti dei vestiti che non metti più, se hai deciso di monetizzare la tua collezione di fumetti…

Puoi vendere online senza partita iva.

La vendita, in ogni forma, dei beni propri usati non è una attività commerciale sulla quale pagare imposte e contributi.

Ma…

Se passi la domenica a cercare l'affare nei mercatini…

se compri lotti di beni di seconda mano… con l'obiettivo di rivenderli…

Allora, devi aprire partita iva!

Non c'è un limite minimo o massimo di ricavi per determinare l'obbligo di avere una partita iva.

È il fatto che compri per rivendere, la periodicità, l'organizzazione del tuo negozio online…

A fare di te un commerciante professionista!

Caro Marco,

se non sei un hobbista

(e non lo sei visto che fai rivendita online da qualche mese),

se non sei un creativo

(considerato che i tuoi prodotti li compri creati da altri) …

e se quello che metti online, lo hai comprato proprio per rivenderlo…

prepara tutti i documenti:

apriamo la partita iva!

4. UN VESTITO PER OGNI OCCASIONE (O STAGIONE)

4. UN VESTITO PER OGNI OCCASIONE (O STAGIONE)

Parliamo di:

- *La forma giuridica*

- *La ditta individuale*

- *Il regime fiscale*

LA FORMA GIURIDICA

Mi capita spesso di essere contattata da un futuro seller

che inizia il nostro colloquio così:

Chiariamo *subitissimo* un punto fondamentale:

la ditta individuale è composta da un solo individuo!

Se hai un socio, che vuole essere tale…

devi costituire una società!

Prima ancora di parlare di tasse e di regime fiscale, è necessario capire quale forma vogliamo dare alla nostra impresa.

Per poter scegliere, la prima domanda da porsi è proprio:

"Chi e quante sono le persone che hanno interesse a partecipare nell'attività?"

Chi sono i soggetti che decidono di investire nel progetto e che, ovviamente, sperano di trarne profitto.

Chi si assume il rischio? Chi apporta capitale? Chi vorrà partecipare alle decisioni di impresa?

Se il progetto è interamente tuo, se sei tu ad investire e rischiare, se non ci sono altri portatori di interessi…

allora, certo, puoi essere una ditta individuale!

(Ma potresti anche essere una società…unipersonale, ovvero con un solo socio).

Inoltre… sono frequenti le situazioni in cui, tra tutti gli interessati al business, uno solo faccia da leader, prenda coraggio (e responsabilità) ed apra una ditta individuale, per tastare il terreno. Quando c'è abbastanza ciccia per tutti… via a costituire una società!

(Ammetto che è un consiglio che, dietro le quinte, do spesso io stessa…).

In questa mini-guida, dedicata al temerario che decide di muovere i primi passi in solitaria, parleremo della ditta individuale, analizzando nello specifico il regime forfettario.

Questo perché **ditta-individuale-in-regime-forfettario** è il vestito più comodo, pratico, economico per avviare una attività.

Attenzione!!!

Non ho detto il più vantaggioso, né il più conveniente fiscalmente, né, soprattutto, può essere la forma giuridica da mantenere per sempre!

Ma sono convinta che, in fase di avvio, sia più importante concentrare tempo, energie e liquidità nell'acquisire prodotti, nelle sponsorizzazioni, nella formazione… piuttosto che in fine burocrazia ed analisi di una fiscalità pianificata.

(Diciamocelo: se non ci sono utili, non ci sono neppure imposte da risparmiare!).

LA DITTA INDIVIDUALE

Una volta definito che sei l'unico proprietario della tua attività di vendita online, dovrai decidere se aprire una ditta individuale o costituire una società (a socio unico).

Dottoressa,

ma è meglio la ditta individuale

o una SRL?

Ancora una volta, non ho una risposta secca da darti.

Ancora una volta, la differenza la fai tu.

Ci sono moltissimi parametri da valutare e la scelta andrà fatta soppesando molti aspetti (che possono, tra l'altro, variare nel tempo).

Posso, però, fornirti un breve elenco delle principali

domande che faccio io all'aspirante seller, quando mi chiede se sia meglio una ditta individuale o una SRL.

Ripeto: le principali domande, perché, anche sulla base delle risposte che darai, l'analisi si fa estremamente fitta e personalizzata.

- **Quanti** sono i portatori di interessi, ovvero quante persone vogliono sentirsi "proprietarie" di questa azienda?

- Quale è la situazione **patrimoniale** del futuro titolare?

- Quale è la predisposizione al **rischio**?

- La **categoria** di **prodotti** che hai selezionato… ha un rischio intrinseco? Ovvero, c'è la possibilità che il tuo prodotto arrechi **danno**?

- Qual è la situazione **reddituale** del titolare? Percepisce già altri redditi? A quale tassazione?

- Quanto **capitale** intendi investire?

- Vedi la SRL come un **obiettivo** da raggiungere?

Non basta, quindi, solo aver identificato il numero di portatori di interessi per decidere se aprire una ditta individuale o una società.

IL REGIME FISCALE

Una volta scelto tra ditta individuale e società, dovrai occuparti del regime fiscale, ovvero del modo e delle percentuali, con cui verranno calcolate le imposte che andrai a pagare.

SRL (o SRLS… o SRL a capitale ridotto)

*Se la tua decisione fosse quella di **costituire una SRL,** non avresti molte strade tra cui scegliere.*

Il regime fiscale della SRL è molto "semplice", ovvero non ci sono alternative da vagliare.

Le tasse si pagano sull'utile, ovvero sulla differenza positiva tra i ricavi imponibili ed i costi deducibili.

Si pagano in percentuale fissa, ovvero (al momento della stesura di questa guida) al 24% di IRES e circa un 4% di IRAP (tassa che potrebbe a breve sparire).

Probabilmente ti impegnerai affinché l'imponibile sia il più modesto possibile, per contenere le imposte, oppure perché sia decisamente dignitoso, se avrai bisogno di un finanziamento…

Ma sulle aliquote e sulla modalità di calcolo, non c'è scelta.

NB: esiste un regime tipico (non consueto) delle SRL, detto **Regime di Trasparenza**. Se decidi di adottare questo metodo, gli utili verranno tassati direttamente nelle dichiarazioni dei redditi dei soci, proprio come fossero redditi da ditta individuale in regime semplificato/ordinario (vedremo a breve come).

È un regime che difficilmente porta dei benefici fiscali… ma tu potresti essere l'eccezione!

Senza che io mi dilunghi troppo… sappi che esiste questa possibilità.

Valuta con il tuo consulente anche questa opzione.

DITTA INDIVIDUALE

Se la tua decisione fosse quella di **aprire una ditta individuale**, avresti due **regimi fiscali** da prendere in considerazione: il regime forfettario ed il regime semplificato/ordinario (c'è spesso un uso errato dei termini, poiché esistono entrambi questi regimi contabili, ma, ai fini di questa guida, utilizziamo il termine "regime ordinario" per indicare il regime a tassazione fiscale ordinaria IRPEF).

Mentre per il regime forfettario, sono previsti dei requisiti di accesso e dei limiti da rispettare per mantenerlo in essere, il regime "ordinario" è un regime aperto a tutti, che non richiede analisi preventiva, se non quella dell'incidenza in termini fiscali.

Nel regime ordinario, infatti, viene tassato l'utile secondo le stesse **aliquote IRPEF** in essere per i lavoratori dipendenti.

Al momento della scrittura di questa guida - corre l'anno
2023 - queste sono le aliquote previste:

SCAGLIONI IRPEF 2023	ALIQUOTA IRPEF 2023
Fino a 15.000 euro	23%
Da 15.001 a 28.000 euro	25%
Da 28.001 a 50.000 euro	35%
Da 50.001 in su	43%

È stata recentemente approvata una riforma fiscale che
promette di diminuire questi scaglioni, fino a portarli ad
una sola flat tax. Per ora, ragioniamo sulla situazione in
essere oggi.

Ok, è vero, le aliquote non sono allettanti (soprattutto se
sei già un lavoratore dipendente e, quindi, i due redditi
fanno cumulo, rischiando di toccare altezze pericolose),
ma non è un regime fiscale da escludere a prescindere.

Per esempio, in questo regime è possibile detrarre l'iva sugli acquisti, dedurre i costi e… portare in detrazione o deduzione costi personali come le spese mediche, spese di ristrutturazione, scuola dei figli, etc.

Laddove, quindi, siano previsti margini molto bassi, oppure hai diversi oneri detraibili da portare in dichiarazione, nonostante le aliquote importanti, una simulazione fiscale potrebbe rivelarne la **convenienza**.

Ricordo, inoltre, che in caso di assenza dei requisiti di accesso o permanenza nel regime forfettario… qualora volessi svolgere la tua attività sotto forma di ditta individuale… non avresti alternative!

Parleremo, in modo più approfondito, del regime forfettario nel prossimo capitolo.

Questo perché il regime forfettario è spesso la prima scelta di chi decide di avviare il proprio business online (ma anche offline!).

Nonostante la maggior attenzione che dedicherò a questo regime, voglio che tu prenda in considerazione tutte le possibilità e che, con l'aiuto di un professionista, tu definisca **la scelta migliore… per te**!

Ci sono, infatti, molti punti da analizzare, sono tante le misure da prendere, affinché si possa realizzare un **vestito su misura**!

Non ascoltare il cugino che consiglia, a prescindere, il regime forfettario o l'amico del bar che ti dice che è sempre meglio il regime ordinario, perché con il forfettario non deduci nulla.

Non cercare info e simulazioni online… spesso le informazioni sono molto vecchie e qualunque sia il risultato del test… va sempre interpretato!

Il mio consiglio è sempre quello di:

- Consultare un professionista che ti aiuti a realizzare un abito sartoriale.

- Metterti in testa fin da subito che cambiano le stagioni, le mode e… la tua taglia!

Ciò che oggi ti calza a pennello, domani… potrebbe risultare scomodo…

Non esiste la forma giuridica migliore o il regime fiscale più vantaggioso, per tutti.

Migliore per chi? Vantaggioso in che senso?

Tu, che imprenditore sei?

5. IL FORFETTARIO: LUI CHI E'?

43

"Voglio aprire partita iva in regime forfettario!

… Posso?"

Parliamo di:

- *Caratteristiche generali del regime*

- *Requisiti*

- *Cause di esclusione*

- *Test rapido: puoi essere un forfettario?*

Ed eccoci nel cuore della nostra guida.

Eccoci a parlare della mitica o mitologica figura del **Contribuente in Regime Forfettario**!

Una figura che ami o odi. C'è chi lo vede come l'unico regime con cui poter guadagnare e chi lo trova illusorio e pieno di difetti. Ne avrai sicuramente sentito parlare, ma sai davvero… chi è il forfettario?

CARATTERISTICHE GENERALI DEL REGIME FORFETTARIO

Prima di tutto devi sapere che il regime forfettario è un regime agevolato contabile e fiscale esclusivo per le **partite iva autonome.**

Non puoi, quindi, prendere in considerazione il regime forfettario se stai pensando di costituire una SRL!

Senza pretendere di analizzarlo fino in fondo (ci vorrebbe una guida solo per quello!), voglio presentarti questo regime, indicandoti le sue caratteristiche principali, così che tu abbia un'idea più chiara sulla possibilità di adottare o meno questa veste.

Se penso al contribuente in regime forfettario, mi vengono in mente le seguenti affermazioni:

- È un regime esente **IVA (vendi senza iva)**
- Non prevede detrazione di **IVA sugli acquisti**
- **TASSA** il reddito imponibile con una aliquota fissa del 5 o del 15%
- Calcola l'imponibile fiscale in modo "forfettario" (40% se vendi online)
- Non prevede deduzione di costi
- Non prevede detrazione/deduzione di spese personali (se non i contributi previdenziali)
- Può beneficiare di **INPS** ridotta del 35%
- Può assumere dipendenti
- Ha **adempimenti** ridotti e/o semplificati
- Ha un tetto massimo di incassi di € 85.000

Partiamo da questo ultimo importante dato: il massimo delle vendite annue consentite per **rimanere di regime forfettario è di € 85.000.**

E il tetto diminuisce se apri partita iva in corso d'anno, riproporzionandosi ai mesi di attività (se apri a marzo, per esempio, potrai vendere fino a € 70.833).

Cosa succede se vendi oltre questa soglia?

Se superi gli 85.000 € ma rimani **sotto i 100.000 €,** potrai beneficiare, per l'anno in corso, delle agevolazioni del regime forfettario; dall'anno successivo, passerai ad un regime di tassazione ordinaria.

Se **superi i 100.000 €...** perdi i requisiti ed i vantaggi già nell'anno in corso.

In questo ultimo caso le conseguenze potrebbero essere davvero pesanti e potresti rischiare di veder azzerare il margine di guadagno calcolato fino a quel momento.

Diciamo, quindi, che l'ambizione è quella di superare gli 85.000 €, ma non i 100.000 €.

*Cosa fare se ti accorgi di essere vicino alla pericolosa
soglia dei 100.000 €?*

Fai una valutazione dei tuoi margini e cerca di capire
quale potrebbe essere la conseguenza del cambio di
regime fiscale.

Se cambiare sistema di tassazione ti fa raggiungere
risultati negativi (quindi rischi di andare in perdita), valuta
le conseguenze di "mettere in **vacanza**" il tuo negozio.

Rischi di perdere le migliori vendite dell'anno? Potrebbe
risentirne il posizionamento del tuo account?

Se le vacanze non sono una soluzione al problema…
allora prova a valutare se tu abbia già le basi e la forza
per **conferire** la tua attività in una **SRL** (che può essere
costituita in ogni momento dell'anno), così che tu possa
evitare il cambio di regime fiscale, passando ad un
contenitore più comodo e confortevole.

IL FORFETTARIO E L'IVA

I primi due punti dell'elenco sopra ci conducono nel mondo dell'iva.

Uno dei "difetti" del regime forfettario che viene spesso sottolineato è proprio il fatto che "l'iva sugli acquisti non è detraibile".

E per chi compra per rivendere… gli acquisti costituiscono una grande fetta in bilancio!

Ma la **non-detraibilità** dell'iva è conseguenza del fatto che… il forfettario vende senza applicare l'iva!

È un regime esente, ovvero nel prezzo dei prodotti che vendi, non addebiti l'iva al cliente finale.

Come si traduce questo?

Provo a spiegartelo con un **esempio**.

Tu, contribuente in regime forfettario, e la società ABC SRL, scegliete di vendere su Amazon lo stesso prodotto, che comprate da Alibaba ad € 2.

Dopo aver considerato tutti i costi accessori, decidete che il prezzo con cui uscire è di € 10 (anche perché, probabilmente, tutti i vostri competitor vendono già a questo prezzo, quindi, non potete discostarvi molto…).

Nel prezzo di € 10 finali… ABC SRL include l'iva (generalmente il 22%), che dovrà versare allo Stato.

Tu… no!

Questo vuol dire che, probabilmente, tu potrai uscire anche a 9,90 €, risultando più competitivo in termini di prezzo, senza rinunciare alla marginalità calcolata dal competitor ABC, anzi…

Se questo può essere un grande vantaggio, c'è sempre un rovescio della medaglia…

C'è, infatti, un ribilanciamento del karma, che mette in una posizione di svantaggio il contribuente forfettario che riceve fattura da fornitori intra-comunitari.

Esiste, infatti, un accordo secondo cui le operazioni B2B tra operatori della Comunità Europea, si fatturano "senza iva".

L'iva deve essere integrata dall'operatore che riceve fattura.

E, nel caso della SRL, l'integrazione di questa iva genera la sua

automatica detrazione, quindi l'effetto finanziario è nullo.

Nel caso del forfettario, invece, proprio perché non detrae l'iva sugli acquisti… l'iva andrà davvero integrata e versata allo Stato.

Quindi, sulle fatture intra-comunitarie (o di servizi extra-comunitarie), il forfettario paga il 22% in più!

Se stai pensando:

> "Io compro solo dalla Cina, quindi non ho fatture dalla
> Comunità Europea…"

Non stai considerando che il Mondo è davvero alla portata di tutti…

Per il solo fatto che vendi su Amazon, o su EBay, o fai sponsorizzate su Facebook o Instagram, o usi programmi come Canva o Helium o ricevi servizi da un qualunque fornitore intra o extra comunitario…

Hai dei fornitori esteri, quindi… subisci questo effetto di iva a debito!

Queste fatture costano per te il 22% in più, rispetto ai contribuenti ordinari.

Sono fatture che riceverai a iva zero, ma dovrai integrare iva italiana.

Il versamento dell'iva dovrà essere fatto entro il giorno 16 del mese successivo alla data di ricezione della tua fattura, tramite modello F24.

È importante saper bilanciare lo svantaggio di questo maggior costo di iva a debito, con il vantaggio dell'essere più competitivi verso i consumatori finali.

Usa bene queste bilance quando calcoli la tua marginalità!

TASSE

Sono due le aliquote che devi ricordare quando sei in regime forfettario: 5% e 15%.

L'aliquota di tassazione ordinaria è il 15%.

Il 5% è una ulteriore agevolazione che si ha nei primi 5 anni di attività.

Non conta quanti anni tu abbia. Conta da quanto tempo fai questa attività.

Per esempio… potresti anche aver aperto partita iva oggi, ma se fino a ieri hai sempre svolto questa attività, come dipendente, potresti non poter applicare l'aliquota agevolata del 5%, perché la tua non risulta una attività nuova!

Ma se hai 60 anni ed hai deciso di stravolgere la tua vita, buttandoti in una esperienza mai fatta prima… allora, potresti beneficiare del 5%!

Non solo non esiste un limite di età anagrafica. Non esiste neppure un numero di anni massimo in cui potrai restare nel regime forfettario.

Se rispetti i requisiti, rimani in regime forfettario.

I primi 5 anni al 5% e poi al 15%.

Come calcolo

le tasse che devo pagare?

Abbiamo visto che il calcolo delle imposte in regime forfettario è davvero molto semplice.

Prendi il tuo fatturato, calcola l'imponibile che è pari al 40% del fatturato stesso.

Sottrai i contributi Inps pagati nell'anno.

Su questo numero pagherai il 5% o il 15% di imposte.

Sembra davvero facile, ma…

Voglio lasciarti un esempio pratico, che possa risultare più chiaro di molte formule.

Immaginiamo di vendere per 65.000 €.

Ecco il calcolo di quello che dovresti pagare tra imposte e contributi Inps (in questa simulazione, quindi, sei iscritto alla Gestione Commercianti Inps e hai richiesto la riduzione prevista per i contribuenti in regime forfettario).

	MENSILE	ANNUALE	
REDDITO LORDO	5.416,67 €	65.000,00 €	
IMPONIBILE FISCALE 40%	2.166,67 €	26.000,00 €	
TASSE 5%	108,33 €	1.300,00 €	DA PAGARE AL 30/06
CONTRIBUTI INPS FISSI RIDOTTI	208,53 €	2.502,40 €	DA PAGARE TRIMESTRALMENTE
SALDO CONTRIBUTI IN MOD. REDD.	143,00 €	1.716,00 €	DA PAGARE AL 30/06
ACCONTI IMP. E CONTR. ANNO SUCCESSIVO	251,33 €	3.016,00 €	DA PAGARE IN 2 RATE: 30/06 E 30/11
TOT. NETTO (SENZA CONSIDERARE ACCONTI)	4.956,80 €	59.481,60 €	È QUANTO RIMANE IN TASCA TOGLIENDO TASSE E CONTRIBUTI DI COMPETENZA DELL'ANNO FISCALE
TOT. NETTO (CONSIDERANDO ACCONTI)	4.705,47 €	56.456,60 €	È QUANTO RIMANE IN TASCA TOGLIENDO TASSE E CONTRIBUTI PAGATI TRA SALDI E ACCONTI

Affinché tu possa essere prudente ed avere una corretta gestione finanziaria dei soldi che incasserai, ho indicato anche l'incidenza degli acconti che dovrai pagare, in sede di dichiarazione dei redditi, per l'anno successivo.

Ti ricordo, infatti, che il sistema fiscale italiano prevede il versamento delle imposte con il meccanismo saldo/acconti. Saldo di imposte e contributi calcolati sull'anno fiscale che stai dichiarando (esempio: 2022). Acconti sull'anno fiscale in cui dichiari (esempio: 2023).

6. SI INIZIA A VENDERE!

QUALI DOCUMENTI FISCALI DEVI GENERARE?

L'emozione della **prima vendita**!!! Ma come si **documenta una vendita** per essere in regola con il fisco?

Il settore del Commercio Online è… straordinario!

Non solo per l'attività in sé, ma anche da un punto di vista delle regole fiscali, perché la sua gestione è molto lontana da quella del tradizionale commercio fatto in negozio.

Ci addentreremo volta per volta nei casi più singolari; per ora, ti lascio alcune regole fondamenti, tipiche del Commercio Elettronico.

Parliamo di:

- *Corrispettivi*
- *Fatture*

I CORRISPETTIVI (il documento fiscale per le vendite B2C,
ovvero verso cliente privato)

Una prima buona notizia: il Commercio Online prevede,
ad oggi, l'esonero all'obbligo di emettere scontrino e di
comunicare i corrispettivi telematicamente all'Agenzia
delle Entrate.

*Non c'è obbligo (ma neppure divieto) di utilizzare la
modalità elettronica!*

L'unico documento fiscale necessario e obbligatorio è il
Registro dei Corrispettivi, ovvero un **"foglio" per
mese** (generato su carta o stampato da un file, come
Excel) sul quale, **giorno per giorno**, deve essere annotato
il **totale delle vendite fatte a clienti privati** (totale! ovvero
al lordo di qualunque spesa trattenuta, come
commissioni o spese di trasporto… insomma: la cifra
pagata dal cliente!).

Non c'è un format rigido, ma ciò che è davvero importante è che in questo foglio ci siano:

- Dati della ditta (i tuoi dati fiscali)

- Anno e Mese di riferimento

- Elenco dei giorni (come da calendario, indicando anche i giorni a zero vendite)

- Totale della giornata, per ciascuna aliquota iva (se forfettario, ricordo che l'iva è zero)

- Totale del mese

Qualora vendessi anche fuori dai confini italiani… dovrai avere un registro dei corrispettivi per **Nazione**, così che si possa monitorare la **soglia di protezione (€ 10.000 totali, come somma delle vendite fatte in tutte le nazioni)**, varcata la quale, dovremo procedere come da normativa iva (regime Oss e/o partita iva estera).

Se dovessi, ahimè, fare un **rimborso**? Indicherai in una colonna apposita l'importo totale dei rimborsi della giornata, preceduto dal segno meno.

Questo foglio dovrà essere stampato, archiviato in un faldone per eventuali controlli e… inviato allo Studio per la contabilizzazione.

Compilare il registro dei corrispettivi è, di per sé, un'operazione semplice, ma… ovviamente il gioco si complica quando il numero di vendite giornaliere diventa importante e, ancora di più, se inizi a vendere anche all'estero (con l'ulteriore onere, quindi, di monitorare il volume di vendite e, in caso di superamento dei 10.000€, di dover annotare le vendite suddividendole per Stato e per aliquota/e di ciascun Paese).

Se **vendi su Amazon**, esiste uno strumento informatico che può aiutarti a semplificare questa gestione, estrapolando, in modo totalmente automatico, i dati relativi alle vendite e generando un vero e proprio registro dei corrispettivi.

Il gestionale si chiama **Zonwizard**. Costa pochi euro al mese e ti risparmia ore di lavoro.

Grazie alla nostra partnership, possiamo lasciarti un link per abbonarti con uno sconto del 15%:

http://zonwizard.com/?_af=32

Il codice sconto è CONSOL.

Una volta generato il tuo account, potrai metterci in condivisione, così che potremo recuperare i dati dei corrispettivi senza farti perdere tempo.

FATTURE EMESSE (obbligatorie per le vendite B2B e su richiesta per le vendite B2C)

!!! Premessa importante per i contribuenti in regime forfettario !!!

I FORFETTARI NON APPLICANO IVA SULLE VENDITE (quindi corrispettivi e fatture sono senza iva).

ATTENZIONE AI MARKETPLACE CON FATTURAZIONE AUTOMATICA, COME AMAZON!!!

Amazon scorpora l'iva oppure indica un codice di esenzione iva errato. E un errore simile potrebbe farti perdere il diritto a rimanere in regime forfettario.

Per questo, AL MOMENTO, I FORFETTARI NON POSSONO ADERIRE AL PROGRAMMA DI FT AUTOMATICA proposto da Amazon!

Solo nel caso in cui **il tuo cliente richieda la fattura**, oppure la vendita sia **B2B**, ovvero fatta ad un titolare di partita iva, <u>**NON annoterai la tua vendita nel registro dei corrispettivi**</u>, ma…

produrrai una singola **fattura elettronica** (dal 01.07.2022 l'obbligo di fatturazione elettronica è esteso anche ai **forfettari**).

Dati obbligatori per emettere fattura:

- I tuoi dati fiscali (denominazione, indirizzo sede, c.f., piva)
- Dati fiscali del cliente
- Numero e data fattura (si parte da 1 e si va avanti…)
- Descrizione del venduto, quantità, prezzo unitario
- Se in regime forfettario, NO IVA, ma codice natura iva N2.2

- Se in **regime forfettario** e vendita superiore ai 77,47€, andrà assolta l'imposta di bollo, ovvero una imposta da € 2,00 a fattura.

Ed ecco la domanda che scatta subito in testa:

e come pago l'imposta di bollo???

IMPOSTA DI BOLLO

L'imposta di bollo non è altro che una marca da bollo da € 2, da pagare per ogni fattura che superi un totale di € 77,47. Fattura, non corrispettivo!

E', pertanto, possibile **applicare sull'originale** (ovvero quello che rimarrà in tuo possesso) una marca che abbia data uguale o antecedente la data della fattura (consigliamo di comprarne preventivamente una decina da tenere a disposizione)

Oppure...

Versare, trimestralmente, l'importo complessivo delle
marche "virtualmente" apposte (ovvero non messe
fisicamente) tramite **modello F24**.

TRIMESTRE	SCADENZA VERSAMENTO	
	Importo imposta di bollo superiore a 5.000€	**Importo imposta di bollo inferiore a 5.000 €**
1°	31 maggio	30 settembre
1° + 2°	30 settembre	30 novembre
3°	30 novembre	
4°	28 febbraio anno successivo	

Ecco i **codici tributo** da utilizzare per pagare il bollo su
fatture elettroniche:

- **Codice tributo 2521** – Imposta di bollo sulle fatture
  elettroniche per il primo trimestre

- **Codice tributo 2522** per versamento imposta di
  bollo su fatture elettroniche per il secondo
  trimestre

- **Codice tributo 2523** per versamento imposta di
  bollo per il terzo trimestre

- **Codice tributo 2524** per versare imposta di bollo sulle fatture elettroniche relative al quarto trimestre

- **Codice tributo 2525** – Imposta di bollo sulle fatture elettroniche per le sanzioni

- **Codice tributo 2526** – imposta di bollo sulle fatture elettroniche per gli interessi.

E', infine, possibile pagare l'imposta di bollo direttamente dal portale fatture&corrispettivi dell'Agenzia delle Entrate, che addebiterà direttamente sul tuo conto corrente l'imposta dovuta.

7. LA FATTURAZIONE ELETTRONICA

Dopo aver visto quando devi emettere fattura, vediamo qualche nota operativa per mettere in atto la **fatturazione elettronica**. Argomento che merita un capitolo tutto suo!

Ormai è noto l'**obbligo di emettere le fatture** attraverso un canale telematico che permetta di spedirle, ancor prima che al cliente, all'Agenzia delle Entrate.

Forse meno chiaro che, quindi, di conseguenza, i titolari di partita iva **ricevono le fatture in modalità elettronica**, da parte dei propri fornitori.

Serve, quindi, avere uno strumento idoneo alla relativa gestione.

Per l'**EMISSIONE delle fatture elettroniche** è possibile procedere in due modi alternativi:

- Tramite portale **Fatture & Corrispettivi**, messo a disposizione dall'**Agenzia delle Entrate**.
  È un servizio gratuito e, come tale, può risultare poco flessibile e poco intuitivo, ma è sufficiente accedere alla propria pagina personale dell'Agenzia delle Entrate, per compilare ed inviare le tue fatture

Oppure…

- Acquistando uno dei tanti **software privati**, di cui è pieno il WEB, che, attraverso il pagamento di un canone, offrono un portale di generazione, invio ed archiviazione delle proprie fatture.

NB: qualora vi fossero soggetti terzi che emettono le fatture per tuo conto (esempio: una mandante oppure Amazon - non per i forfettari! - che emette fattura per conto del seller), queste fatture sono reperibili <u>solo sul portale Fatture & Corrispettivi dell'Agenzia delle Entrate.</u> Non transitano in nessun gestionale terzo di fatturazione.

Per la **RICEZIONE delle fatture elettroniche** è possibile procedere in due modi alternativi:

- Tramite portale **Fatture & Corrispettivi**, messo a disposizione dall'**Agenzia delle Entrate**. È un servizio gratuito e, come tale, poco flessibile ed efficiente, ma accedendo alla propria pagina personale dell'Agenzia delle Entrate, è possibile consultare le fatture ricevute.

  Se adottato questo sistema, quando un fornitore chiederà il tuo *codice univoco di destinazione* delle fatture, sarà necessario indicare la propria PEC (ed

è necessario indicarla anche nell'apposita sezione del portale Agenzia delle Entrate, così che arrivi un messaggio sulla propria PEC ogni volta che l'Agenzia riceve una fattura)

Oppure...

- Acquistando uno dei tanti **software privati**, di cui è pieno il WEB, che, attraverso il pagamento di un canone, offrono un portale di ricezione ed archiviazione delle fatture ricevute. Spesso i software sono strutturati per emettere e ricevere le fatture elettroniche.

Se adotti questo sistema, quando un fornitore chiederà il tuo *codice univoco di destinazione* delle fatture, sarà necessario indicare quello proprio del software adottato (ed è necessario indicarlo anche nell'apposita sezione del portale Agenzia delle Entrate, così che le fatture confluiscano correttamente dall'Agenzia delle Entrate al proprio software).

A prescindere dagli strumenti utilizzati per l'emissione e la ricezione delle fatture elettroniche, **ricordati** di:

- verificare che il sistema adottato faccia anche **conservazione sostitutiva** dei documenti. I software sul mercato generalmente lo fanno...
  Per l'Agenzia delle Entrate, dovrai aderire in apposito menù nella tua pagina personale. Consigliamo di aderire al servizio dell'Agenzia, anche se il tuo software offre servizio di conservazione.

- anche se dotati di software privato, consigliamo, comunque, di aderire al servizio di **consultazione dell'Agenzia** (diversa dalla conservazione) per poter accedere alle fatture anche a fronte di una chiusura di contratto con la casa software.
  Se non aderisci alla consultazione, l'Agenzia non metterà a disposizione le tue fatture sul portale, ma sarà necessario fare una richiesta specifica per poterle visionare...

- inserire il tuo **codice destinatario** o la tua **PEC** nell'apposita sezione all'interno del sito dell'Agenzia delle Entrate.

8. UN BUSINESS SENZA CONFINI

L'estero sembra una meta lontana e invece… essere online annulla le distanze tra te ed i tuoi fornitori e, perché no, clienti.

Alcuni esempi di fornitori esteri? Amazon, Facebook, Google, EBay!

Come vedi, non serve essere un importatore o vendere in America per avere a che fare on l'estero.

Il solo fatto di vendere online, ti rende quasi certamente soggetto agli adempimenti obbligatori per chi instaura rapporti commerciali con qualunque Paese che non sia l'Italia (dentro o fuori la comunità europea).

Prima di parlare degli adempimenti burocratici, ti voglio ricordare che per tutti gli **acquisti** che farai come titolare di P.IVA in regime forfettario, **da fornitore UE per beni e servizi ed EXTRA-UE** per i soli servizi… **dovrai integrare e versare iva italiana! Occhio al calcolo della marginalità!**

3 sono i termini con cui devi iniziare a familiarizzare:

- **mini esterometro**: una novità dell'estate 2022. In estrema sintesi… dovrai emettere in modalità elettronica anche le **fatture di vendita all'estero** (per le quali c'è stato esonero fino al 30.06.2022); dovrai emettere **autofatture mensili per i tuoi acquisti** esteri (esclusi solo gli acquisti che hanno bolla doganale).

- **modello intrastat**: non solo le fatture di vendita estere devono essere elettroniche, ma, una volta ogni tre mesi, va inviato telematicamente un elenco delle fatture di vendita estere intra-comunitarie.

  Una duplicazione rispetto alla fattura elettronica? Forse sì, ma, per ora, l'adempimento resta obbligatorio (vero è che l'ente destinatario del mod. Intrastat è la dogana…)

- **regime speciale iva OSS**: quando il totale delle tue vendite verso cittadini privati della comunità europea (italiani esclusi) supererà i € 10.000 diventerai debitore di iva nello stato in cui spedisci la merce.

Anche se sei forfettario e, quindi, esente iva…

NB: se è praticamente impossibile sfuggire all'adempimento del mini-esterometro, perché riceverai quasi sicuramente almeno una fattura estere per acquisto di beni o servizi…

Ti invito a valutare la convenienza di vendere a consumatori privati nella comunità europea, dove, superati i 10.000 € rischi di diventare debitore di iva e, quindi, di giocarti la marginalità (almeno finché sei un contribuente in regime forfettario!).

MINI-ESTEROMETRO (emettere fattura elettronica… anche per gli acquisti esteri!)

Dal 1° luglio 2022 i soggetti passivi obbligati alla fatturazione elettronica (dalla stessa data, inclusi, quindi, anche i forfettari) devono trasmettere telematicamente all'Agenzia delle entrate i dati relativi alle **operazioni di cessione di beni e di prestazione di servizi effettuate e ricevute** verso e da soggetti esteri (non stabiliti nel territorio dello Stato), salvo quelle per le quali è stata emessa una bolletta doganale.

Per le operazioni effettuate a partire dal 1° luglio 2022, la trasmissione telematica va effettuata utilizzando lo SdI, secondo il formato XML previsto per la fatturazione elettronica tra soggetti passivi Iva nazionali.

Sarà, quindi, obbligatorio **emettere fattura elettronica anche per le vendite estere** (solo per quelle che richiedono fattura!).

Ma… Si dovrà **emettere fattura anche per gli acquisti esteri** di beni e servizi.

Da luglio, inoltre, la trasmissione al SdI dei dati delle operazioni estere si applicherà anche ai forfettari (prima esonerati). Non tutti (almeno fino al 31/12/2023), ma quelli con ricavi o compensi, generati nell'anno precedente, sopra ai 25.000 euro ragguagliati ad anno:

anche quest'ultimi, infatti, hanno l'obbligo di fatturazione elettronica e, pertanto, hanno obbligo anche per gli adempimenti relativi a rapporti con l'estero.

Cosa devi fare dal 1° luglio 2022?

L'invio dei dati delle operazioni transfrontaliere avviene esclusivamente tramite il Sistema di Interscambio, utilizzando il formato XML della fattura elettronica.

!!!Operazioni attive ed operazioni passive (ovvero, fatture emesse e fatture ricevute)!!!

Nello specifico, si dovrà procedere a:

- **Generazione Fatture attive**: per le operazioni effettuate nei confronti di clienti esteri, si dovrà emettere una fattura elettronica impostando il campo del tracciato "codice destinatario" con valore convenzionale (XXXXXXX);

- **Generazione Fatture passive**: per le fatture passive ricevute in modalità analogica dai fornitori esteri, il cliente italiano dovrà generare un documento elettronico di tipo TD17, TD18 e TD19, da trasmettere al Sistema di Interscambio.

- **Trasmissione delle operazioni attive**: dovrà essere effettuata entro i termini di emissione delle fatture o dei documenti che ne certificano i corrispettivi, vale a dire entro 12 giorni dall'effettuazione della cessione/incasso della vendita del bene o termine/incasso della prestazione o entro il diverso termine stabilito da specifiche disposizioni (ad esempio, giorno 15 del mese successivo in caso di fatturazione differita).

- **Trasmissione delle operazioni passive**: dovrà essere invece effettuata entro il quindicesimo giorno del mese successivo a quello del ricevimento del documento comprovante l'operazione o di effettuazione dell'operazione stessa.

Come farlo?

Fatture attive

Dovranno essere inseriti gli stessi dati utilizzati per compilare le fatture elettroniche emesse per clienti italiani. Bisognerà infatti riportare:

- i dati identificativi dell'eventuale cedente/prestatore (chi emette fattura)
- i dati identificativi del cessionario/committente (cliente)

NB: se il *cliente è Extra-Ue,* non ha codice fiscale e partita iva. Bisogna compilare i relativi campi indicando: OO99999999999

- la data del documento comprovante l'operazione
- il numero del documento
- la base imponibile
- l'aliquota IVA applicata

- l'imposta, oppure la tipologia dell'operazione qualora sia esente da IVA.

Amazon emette fatture elettroniche anche verso i clienti esteri. Ma… per i contribuenti in regime forfettario,

abbiamo già spiegato che non è possibile aderire, per ora, al servizio di fatturazione automatica di Amazon.

Qualora le vendite soggette a fattura fossero molto numerose, è bene valutare la possibilità di adottare un sistema che semplifichi la procedura.

Esiste una soluzione informatica in grado di sostituirsi ad

Amazon e di emettere automaticamente le fatture al posto vostro per i clienti Amazon Business, anche esteri.

E può farlo anche per i forfettari!

Il software si chiama Phact Amazon. Con un costo di registrazione una tantum e un costo aggiuntivo per ogni vendita (che sia soggetta a fattura o annotata nei corrispettivi) risparmierai:

- Fatica per recuperare i dati dei clienti
- Tempo per emettere le fatture
- Ansia da Algoritmo di Amazon, che penalizza il seller che non invia tempestivamente fattura al cliente.

Per aderire a questa soluzione, cliccate qui: https://www.fattureamazon.it/partner/register.html?consulting

Fatture passive

Per le fatture passive ricevute in modalità analogica dai fornitori esteri, dovrai generare un documento elettronico di tipo

- TD17 (INTEGRAZIONE/AUTOFATTURA PER ACQUISTO SERVIZI DALL'ESTERO),

- TD18 (INTEGRAZIONE PER ACQUISTO DI BENI INTRACOMUNITARI)

- TD19 (INTEGRAZIONE/AUTOFATTURA PER ACQUISTO DI BENI EX ART. 17 C.2 D.P.R. 633/72), da trasmettere al Sistema di Interscambio.

Per farlo, puoi utilizzare:

- portale "Fatture&Corrispettivi" dell'Agenzia delle Entrate

- il vostro software di fatturazione elettronica

Nelle seguenti tabelle riepiloghiamo gli elementi principali da riportare nel file XML.

Codice TD17 - acquisto di servizi dall'estero	
Campo	**Contenuto**
<CedentePrestatore>	Dati del fornitore estero (UE o extra-UE)
<CessionarioCommittente>	Dati dell'acquirente nazionale
<Data>	• Data di ricezione (o data ricadente nel mese di ricezione), nel caso di emissione di documento relativo a servizi intra-UE o • data di effettuazione dell'operazione, nel caso di acquisto di servizi extra-UE
<Numero>	Indicare, preferibilmente, una numerazione *ad hoc*
<PrezzoTotale>	Imponibile della fattura ricevuta dal prestatore UE o extra-UE
<Aliquota IVA>	Riportare l'aliquota IVA cui è soggetta l'operazione
<Imposta>	Indicare l'IVA dovuta in relazione alle differenti aliquote
<Natura>	Qualora l'operazione risulti non imponibile, esente o non soggetta, indicare il relativo codice "Natura"
<DatiFattureCollegate>	Riportare gli estremi della fattura di riferimento

Codice TD19- acquisto di beni presenti nel territorio dello stato da soggetti non residenti	
Campo	**Contenuto**
<CedentePrestatore>	Dati del fornitore estero
<CessionarioCommittente>	Dati dell'acquirente nazionale
<Data>	Riportare: • la data di ricezione della fattura emessa dal fornitore UE o una data ricadente nel mese di ricezione della fattura; • la data di effettuazione dell'operazione intercorsa con il fornitore extra-UE.
<Numero>	Indicare, preferibilmente, una numerazione *ad hoc*
<PrezzoTotale>	Imponibile della fattura ricevuta dal fornitore UE o extra-UE
<Aliquota IVA>	Riportare l'aliquota IVA cui è soggetta l'operazione
<Imposta>	Indicare l'IVA dovuta in relazione alle differenti aliquote
<Natura>	Nel caso in cui l'operazione risulti non imponibile, esente o non soggetta, indicare il relativo codice "Natura"
<DatiFattureCollegate>	Riportare gli estremi della fattura di riferimento

Codice TD18 - acquisti di beni intracomunitari	
Campo	Contenuto
<CedentePrestatore>	Dati del fornitore UE
<CessionarioCommittente>	Dati dell'acquirente nazionale
<Data>	Data di ricezione (o data ricadente nel mese di ricezione)
<Numero>	Indicare, preferibilmente, una numerazione *ad hoc*
<PrezzoTotale>	Imponibile della fattura ricevuta dal fornitore UE
<Aliquota IVA>	Riportare l'aliquota IVA cui è soggetta l'operazione
<Imposta>	Indicare l'IVA dovuta in relazione alle differenti aliquote
<Natura>	Qualora l'operazione risulti non imponibile, esente o non soggetta, indicare il relativo codice "Natura"
<DatiFattureCollegate>	Riportare gli estremi della fattura di riferimento

NB: il campo <**Descrizione**> potrà essere valorizzato, in via semplificativa, riportando la parola **Beni** o la parola **Servizi** (o entrambe).

Consigliamo di emettere questi documenti utilizzando una numerazione separata, rispetto alle ordinarie fatture emesse.

Qualora si omettesse l'adempimento, è prevista una **sanzione di € 2** per ciascuna fattura non inviata, con una sanzione massima di € 400 mensili.

La sanzione si riduce della metà se la trasmissione viene effettuata entro 15 giorni dalla scadenza.

REGIME IVA OSS (attenzione all'iva a debito!)

Come ti anticipavo nelle pagine precedenti, uno dei vantaggi dell'essere contribuente in regime forfettario, è quello di essere esente iva.

Questo vuol dire che a parità di prezzo esposto al pubblico di un prodotto, un tuo competitor in regime ordinario dovrà fare i conti con lo scorporo dell'iva. Quindi, il suo ricavo è circa un 22% in meno del tuo.

Questo è sempre vero se… vendi in Italia, esporti o vendi B2B in Paesi della Comunità Europea.

E se vendi verso privati UE?

Fino ad un valore di € 10.000 complessivo per tutti gli Stati (UE, Italia esclusa!), puoi beneficiare della tua esenzione iva.

Superata questa soglia di vendite, se vorrai continuare a vendere a consumatori finali (B2C) in Paesi UE, dovrai adottare uno (o entrambi) i seguenti strumenti, attraverso i quali **verserai IVA** nel Paese in cui hai consegnato la merce:

- Aprire P.IVA in uno o più Stati della UE (dove intendi procedere con le vendite)
- Registrarti al Regime iva OSS

NB: nel caso di stoccaggio della merce presso un Paese UE, lo strumento OSS non sarà sufficiente. *Dovrai, necessariamente, aprire P.IVA in quello Stato.*

Per l'apertura e la gestione della/e partita iva estera/e avrai bisogno di un consulente fiscale estero.

Consol collabora da anni con lo **Studio Marosa**, che si occupa proprio di questo.

Qui puoi trovare i loro contatti: https://marosavat.com/it/.

Ricordati di comunicare che hai avuto da noi il loro contatto: avrai un trattamento speciale!

Cosa è l'OSS?

Il regime OSS introduce un sistema europeo di assolvimento dell'IVA, centralizzato e digitale.

Per farla "semplice", è un portale dell'Agenzia delle Entrate (sportello unico), dove, dopo essersi iscritti, si deve presentare una dichiarazione trimestrale per **liquidare l'iva nei vari Paesi UE.**

Lo sportello unico semplifica gli obblighi in materia di IVA per le imprese che vendono beni e forniscono servizi a consumatori finali in tutta l'UE, consentendo loro di:

- **registrarsi** elettronicamente, ai fini IVA, in un unico Stato membro, per tutte le cessioni di beni e le prestazioni di servizi ammissibili a favore di acquirenti situati in tutti gli altri Stati membri

- **dichiarare** l'IVA tramite un'unica dichiarazione elettronica ed effettuare un unico pagamento

- dell'IVA dovuta su tutte le cessioni di beni e prestazioni di servizi verso privati UE.

La scadenza per presentare la dichiarazione è l'ultimo giorno del mese successivo a quello di chiusura del trimestre.

Regime OSS: FAQ Agenzia delle Entrate

L'Agenzia delle Entrate ha pubblicato, nella sezione FAQ, delle interessanti risposte in tema di Regime OSS. Riportiamo, a seguire, una estrazione dell'intera sezione che potete consultare al seguente link: https://www.agenziaentrate.gov.it/portale/web/guest/risposte-alle-domande-piu-frequenti-imprese

SOGLIA DEI 10K €

La soglia di 10.000 EURO si calcola su base annuale e fa riferimento, al netto dell'IVA, al volume d'affari realizzato dal venditore nell'anno solare precedente con riferimento alle vendite a distanza intracomunitarie di beni e alle prestazioni di servizi TTE (servizi di Telecomunicazione, servizi di Tele radiodiffusione e servizi Elettronici) effettuate nell'intero territorio della UE.

… in caso di superamento della soglia in corso d'anno, le operazioni già eseguite nel periodo anteriore s'intendono

effettuate nello Stato membro di origine. L'imposta si applica secondo il principio di destinazione soltanto a partire dalla cessione che ha determinato il superamento della soglia.

COSA FARE SONO ISCRITTO ALL'OSS, MA NON HO FATTO OPERAZIONI?

La registrazione all'OSS abilita il soggetto ad usufruire del regime agevolativo. Per ogni trimestre, in caso di inattività, l'unico obbligo del soggetto iscritto è la presentazione di una dichiarazione a zero.

CONVIVENZA REGIME OSS E PIVA ESTERE

La presenza di posizioni IVA in altri Stati UE, anche se non più necessarie, non osta alla applicazione del regime OSS. L'agevolazione consiste infatti nella semplificazione degli adempimenti, potendo così il soggetto passivo applicare l'IVA dello Stato di destinazione e dichiararla e versarla nello Stato di identificazione, che provvederà poi alla condivisione delle informazioni e alla ripartizione degli importi.

ALIQUOTE IVA DEGLI ALTRI PAESI

Le aliquote IVA in vigore nella UE possono essere consultate alla seguente pagina del sito della Commissione Europea:

https://ec.europa.eu/taxation_customs/tic/public/vatRates/vatrates.html

DICHIARAZIONE OSS: PUO' FARLA UN INTERMEDIARIO?

Per quanto riguarda il regime speciale OSS, la registrazione e in generale tutti i rapporti con lo Stato di identificazione (dichiarazioni, versamento di imposta, variazioni) devono essere intrattenuti direttamente, cioè con le credenziali Entratel del soggetto passivo che opera nel regime.

NB: ecco perché, qualora delegassi noi per questi adempimenti, avremo bisogno di accedere al portale Agenzia delle Entrate proprio come fossi tu.

CONAI & EPR

CONAI: aderire e dichiarare (sempre?)

CONAI è una sigla che significa "Consorzio Nazionale
Imballaggi", Ente a cui devono aderire i produttori e gli
importatori di imballaggi e/o materie prime impiegate
per la produzione di imballaggi.

L'adesione al CONAI è obbligatoria per le imprese che
producono, vendono o **utilizzano** imballaggi.

In particolare, sono tenuti al versamento del contributo
coloro che:

- con la merce imballata acquistata svolgono
  un'attività commerciale anche marginale
  rispetto all'attività principale (es. il
  parrucchiere che vende i prodotti di bellezza
  ai clienti);

- la merce imballata per l'esercizio dell'attività viene acquistata direttamente all'estero (es. il parrucchiere che acquista dall'estero i prodotti);

- acquistano imballaggi vuoti per l'esercizio dell'attività. Per esempio: nel caso della lavanderia che consegna al cliente imballaggi acquistati dai fornitori o li utilizza per confezionare gli indumenti: sacchetti plastificati, grucce, punti metallici, copri abiti in tessuto, pellicole copri indumenti, ecc.

Tutte le Dichiarazioni periodiche vanno effettuate entro il 20 del mese successivo al periodo di riferimento.

L'adesione a CONAI comporta il **versamento di una quota**
costituita da un importo fisso (**5,16 euro**) e da un importo
variabile (non è quasi mai il caso del Seller!).

La quota di adesione a CONAI si versa soltanto una volta
e può essere adeguata successivamente a discrezione del
Consorziato.

Dal 1° luglio 2020 è divenuto obbligatorio presentare la
domanda di adesione attraverso il servizio "Adesione
online" accedendo al portale impresainungiorno.gov.it,
direttamente dal sito internet www.conai.org

In caso di mancata adesione al CONAI il produttore o
l'utilizzatore di imballaggi è punito con la **sanzione
amministrativa** pecuniaria di 5.000 euro.

NB: se è vero che devi aderire al Consorzio, è altamente
possibile che rientri nella fascia di esonero da
dichiarazione periodica. I numeri sopra i quali è
obbligatorio dichiarare... sono davvero importanti! Ti
lascio il link dove trovare le tabelle aggiornate per le
soglie di esenzione.

https://www.conai.org/imprese/contributo-
ambientale/dichiarazione-e-versamento/

A seguire, una tabella con i dati di esenzione aggiornati al
2022.

Consol si rende disponibile alla compilazione e all'invio
della pratica di adesione al CONAI al costo di **€ 70+iva**.

2022

Materiali	Contributo Ambientale (€/t)	Soglia di esenzione (€)	Peso degli imballaggi vuoti e/o pieni importati (t)
Acciaio	12,00	200,00	16,666
Alluminio	10,00	200,00	20,000
Carta			
Fascia 1	10,00	200,00	20,000
Fascia 2	30,00	200,00	6,666
Fascia 3	120,00	200,00	1,666
Fascia 4	250,00	200,00	0,800
Legno	9,00	200,00	22,222
Plastica			
Fascia A1	104,00	200,00	1,923
Fascia A2	150,00	200,00	1,333
Fascia B1	149,00	200,00	1,342
Fascia B2	520,00	200,00	0,385
Fascia C	642,00	200,00	0,311
Plastica biodegradabile e compostabile	294,00	200,00	0,680
Vetro	33,00	200,00	6,061

Procedura Semplificata per import	Aliquota da applicare	Soglia di esenzione (€)	Peso dei soli imballaggi delle merci importate (t)	Valore delle merci imballate importate (€)
Import Semplificata a valore (alimentare)	0,17%	300,00		176.470
Import Semplificata a valore (non alimentare)	0,08%	300,00		375.000
Import Semplificata per tara	90,00 €/t	300,00	3,333	

Base (Monomateriale e imballaggi compositi di tipo A e di tipo B);

CPL (Contenitori compositi per liquidi);

Imballaggi compositi di tipo C.

Imballaggi compositi di tipo D

La dichiarazione per l'anno 2022 deve essere presentata comunque nel caso di raggiungimento della soglia di almeno 10 tonnellate di imballaggi per singolo materiale. In tal caso i moduli 6.1 acciaio, alluminio, carta-fascia 1 e legno devono essere compilati indicando il peso delle 10 tonnellate ma il controvalore di contributo non verrà fatturato dal CONAI in quanto inferiore alla soglia di 200,00 Euro.

Il Contributo Ambientale per gli imballaggi di Fascia A2 passerà da 150,00 €/t a 168,00 €/t dal 1° luglio 2022

EPR: il CONAI tedesco e francese

Se vendi (o hai intenzione di iniziare a farlo) a clienti situati in Francia e Germania, continua a leggere (ne va del tuo Account!).

Amazon ed EBay stanno mandando comunicazioni ed alert in merito all'adeguamento dei seller alla normativa EPR (Extended Producer Responsibility, ovvero *Responsabilità Estesa del Produttore*).

Esattamente il nostro CONAI italiano, per intenderci.

Ma… la stessa normativa interessa tutti i sellers, a prescindere dal Marketplace o dal sito utilizzati, se si **vende a clienti che ricevono la spedizione in Germania ed in Francia.**

Cosa succede se non sei in grado di dimostrare ad Amazon o EBay la tua conformità alla normativa EPR?

Germania

I marketplace saranno legalmente obbligati a **sospendere** le tue offerte non conformi nelle categorie di prodotti EPR:

- **Imballaggio principale** (la confezione del prodotto) e secondario (l'imballaggio di spedizione): tutte le offerte dal 1° luglio 2022.

- Apparecchiature elettriche ed elettroniche (**AEE**): tutte le offerte appartenenti a questa categoria a partire dal 1° gennaio 2023.

Francia

Se vendi prodotti che rientrano nella normativa EPR su amazon.fr a clienti con un indirizzo di spedizione in Francia, ma non fornisci ad Amazon il numero o i numeri di registrazione EPR validi corrispondenti a tali categorie di prodotti, per le vendite effettuate da gennaio 2022 **Amazon provvederà a versare**

per tuo conto i tuoi eco-contributi alle organizzazioni competenti in materia di responsabilità del produttore, recuperando i suddetti importi tramite addebito. Amazon pagherà i contributi per tuo conto alla fine di ogni trimestre o anno, a seconda della categoria EPR.

Ti lascio il link di Amazon, che spiega punto per punto l'intera normativa e gli adempimenti che devi seguire affinché tu possa continuare a vendere in Germania e Francia (a prescindere dal marketplace!):

https://sellercentral.amazon.it/gp/help/external/help.html?itemID=YDCAK9ZR6VJH2X3&ref=efph_YDCAK9ZR6VJH2X3_cont_G2

9. TASSE E CONTRIBUTI

SIMULAZIONE IMPOSTE E CONTRIBUTI

Immaginiamo di farti arrivare al massimo di fatturato previsto per poter beneficiare, anche l'anno successivo, del regime forfettario.

Immaginiamo di vendere, quindi, per 65.000 €.

Ecco il calcolo di quello che dovresti pagare tra imposte e contributi Inps (in questa simulazione, quindi, sei iscritto alla Gestione Commercianti Inps e hai richiesto la riduzione prevista per i contribuenti in regime forfettario).

	MENSILE	ANNUALE	
REDDITO LORDO	5.416,67 €	65.000,00 €	
IMPONIBILE FISCALE 40%	2.166,67 €	26.000,00 €	
TASSE 5%	108,33 €	1.300,00 €	*DA PAGARE AL 30/06*
CONTRIBUTI INPS FISSI RIDOTTI	208,53 €	2.502,40 €	*DA PAGARE TRIMESTRALMENTE*
SALDO CONTRIBUTI IN MOD. REDD.	143,00 €	1.716,00 €	*DA PAGARE AL 30/06*
ACCONTI IMP. E CONTR. ANNO SUCCESSIVO	251,33 €	3.016,00 €	*DA PAGARE IN 2 RATE: 30/06 E 30/11*
TOT. NETTO (SENZA CONSIDERARE ACCONTI)	4.956,80 €	59.481,60 €	*È QUANTO RIMANE IN TASCA TOGLIENDO TASSE E CONTRIBUTI DI COMPETENZA DELL'ANNO FISCALE*
TOT. NETTO (CONSIDERANDO ACCONTI)	4.705,47 €	56.456,60 €	*È QUANTO RIMANE IN TASCA TOGLIENDO TASSE E CONTRIBUTI PAGATI TRA SALDI E ACCONTI*

Affinché tu possa essere prudente ed avere una corretta gestione finanziaria dei soldi che incasserai, ho indicato anche l'incidenza degli acconti che dovrai pagare, in sede di dichiarazione dei redditi, per l'anno successivo. Ti ricordo, infatti, che il sistema fiscale italiano prevede il versamento delle imposte con il meccanismo saldo/acconti. Saldo di imposte e contributi calcolati sull'anno fiscale che stai dichiarando (esempio: 2022). Acconti sull'anno fiscale in cui dichiari (esempio: 2023).

CALCOLO MARGINALITA' AMAZON FBA

E alla fine di questa guida, ora che hai bene in mente quali siano gli adempimenti ed i costi che dovrai sostenere, voglio sollevarti il morale, facendo per te una simulazione di quella che potrebbe essere la tua marginalità, ovvero di quanto, al netto di costi diretti, imposte e contributi, rimanga davvero nelle tue tasche.

Farò con te un ragionamento guidato, così che tu possa riadattare questo esempio alla tua situazione specifica.

Il calcolo viene fatto immaginando che tu sia:

- Ditta individuale

- Commerciante

- Forfettario, nel primo quinquennio (5% di tasse)

- Iscritto alla Gestione Commercianti Inps, beneficiando della riduzione per i forfettari (riduzione del 35% dei contributi)

- Seller AMAZON, in FBA (si occupa AMZ del magazzino e delle spedizioni)

Come abbiamo fatto nel capitolo precedente, supponiamo che tu fatturi, in un intero anno solare,

65.000 euro

Prendiamo, ora la **somma delle imposte e dei contributi**, di competenza dell'esercizio (senza, quindi, considerare gli acconti sull'anno successivo), così come calcolata nel nostro prospetto precedente (ho arrotondato i numeri alla decina più vicina per semplificare i calcoli):

Imposte: euro 65.000*40%*5%: **1.300 euro**

Contributi: euro 2.500 (fissi) + euro 1.720 (saldo sulla differenza tra 26.000 di imponibile e 15.000 già coperti dai fissi): **4.220 euro**

Facciamo ora un discorso più complesso e artificioso, che ci porti a una situazione tipo, un caso scolastico diciamo.

Ovviamente la vita vera è un'altra ed i numeri potrebbero cambiare, ma, una volta che avrai capito come funziona, avrai uno strumento utile al calcolo della marginalità dei tuoi prodotti.

Tra le premesse, abbiamo messo di fatturare 65.000 €. Se avessimo fatto il nostro prezzo di vendita, utilizzando il classico moltiplicatore "x 3" rispetto al prezzo di acquisto, avremmo comprato merce per un totale di euro 21.667 (iva inclusa, perché ricordo che l'iva, per il forfettario, è un costo!).

Euro 21.667x3 = 65.000 euro (tot. Vendite).

Quindi, **costo prodotti: 21.667 euro**.

Un altro costo che possiamo derivare dal nostro fatturato sono le commissioni di Amazon. Esistono, infatti, percentuali definite che Amazon trattiene per ogni vendita, come "provvigione" di vendita.

Ipotizziamo che questa provvigione sia il 15%.

Provvigioni AMZ: € 65.000*15%: € 9.750 + iva = **11.895**

euro

Al fine di poter stimare anche i costi di spedizione di AMZ, immaginiamo di vendere un prodotto che rientri negli standard dello *Small & Light*.

Prezzo di vendita del singolo prodotto € 9. Abbiamo detto che il prezzo di vendita è tre volte il prezzo di acquisto; quindi, avremo pagato ogni prodotto € 3.

Avendo a disposizione un Budget di € 21.667 come spesa per l'acquisto prodotti, potremo acquistare:

N. prodotti acquistati (e venduti): € 21.667/3 = **7.222 pezzi** (dovremo vendere 600 prodotti al mese)

Prendendo la tariffa media di Amazon per le spedizioni in *Small & Light*, pari a € 1,80+iva per prodotto, avremo:

Costo Spedizione AMZ: euro 1,80+iva * 7.222 pezzi **= euro 15.860.**

Oltre ai costi sopra elencati, vanno aggiunti i costi per le sponsorizzazioni, le spedizioni ai magazzini AMAZON, il commercialista, qualche software, etc.

COSTO	€	RICAVO	€
Tasse	1.300,00 €	Vendita	65.000,00 €
Contributi	4.220,00 €		
Acquisto merci per la rivendita	21.667,00 €		
Amazon Commissioni	11.895,00 €		
Amazon Spedizioni	15.860,00 €		
Commercialista	700,00 €		
Sponsorizzazioni			
	55.642,00 €	MARGINE NETTO	9.358,00 €

Aggiungendo tutti i costi specifici che dovrai sostenere, potrai raffinare il calcolo del tuo margine.

Ovviamente i numeri cambiano, anche solo immaginando di vendere *meno articoli* a *un prezzo unitario maggiore*.

Se pensiamo, infatti, di comprare articoli per € 3,60, di vendere ad 11,00 euro, quindi di muovere **6020 pezzi** (invece di 7.222…), avremo un **risparmio del costo** spedizioni di Amazon di circa **2.600 euro.**

Il nostro **margine**, quindi, sarà pari a **euro 11.960.**

E da qui… si aprono davvero innumerevoli scenari.

10. SCADENZIARIO FISCALE del FORFETTARIO

114

LE DATE DA SEGNARE SUL CALENDARIO

Con il solo scopo di darti **un'idea** delle scadenze fiscali
che incontrerai durante l'anno, ti lascio una **tabella
riepilogativa** di quelle in essere alla data di questo scritto
(*del domani non vi è certezza*).

Sono scadenze che accomunano tutti i contribuenti in
regime forfettario, sebbene alcuni potrebbero
beneficiare di qualche esonero (v. esonero INPS per
dipendenti full time).

Ma queste è una guida rivolta ai nostri sellers (ovvero
commercianti) in **regime forfettario**; quindi, si parla di
scadenze fiscali delle *ditte individuali (in regime
agevolato), iscritte alla Gestione Commercianti INPS.*

Scadenza	Cosa scade?
25-gen	Intra trimestrale
16-feb	Versamento IV rata fisso Inps
28-feb	Imposta di bollo trimestrale
25-apr	Intra trimestrale
16-mag	Versamento I rata fisso Inps
31-mag	Imposta di bollo trimestrale
16-giu	IMU
30-giu	Diritto Camerale
30-giu	Imposte da Modello Redditi
25-lug	Intra trimestrale
20-ago	Versamento II rata fisso Inps
30-set	Imposta di bollo trimestrale
25-ott	Intra trimestrale
16-nov	Versamento III rata fisso Inps
30-nov	II acconto Imposte da Modello Redditi
30-nov	Imposta di bollo trimestrale
16-dic	IMU
15 di ogni mese	Invio mini-esterometro
16 di ogni mese	Versamento IVA su integrazione FT Estere
16 di ogni mese	Contributi per i dipendenti

11. CONCLUSIONE

Siamo arrivati alla fine di questa mini guida, dove ho voluto darti qualche prima indicazione sulla gestione del tuo business di vendita online in regime forfettario.

Spero che tu abbia trovato qualche informazione interessante e che possa aver risolto alcuni dubbi.

Ti ricordo, però, che nessuna guida, nessun articolo, nessun sito può sostituire il valore di un colloquio con un professionista specializzato nella materia.

Tengo molto a sottolineare questo aspetto: se vuoi vendere online, devi avere un consulente che conosca bene l'argomento e che abbia interesse a tenersi e tenerti aggiornato.

La fiscalità degli e-commerce presenta molte complessità dovute ad una normativa non ancora totalmente definita o interpretata ed una vastità di casistiche che si moltiplicano esponenzialmente se allarghi i confini geografici del tuo Business.

Proprio a seguito dell'impegno richiesto dalla materia, è

nata Consol, la società di elaborazione dati che amministro.

Consol segue la fiscalità di centinaia di aziende che vendono online.

Ogni giorno io ed il mio team ci imbattiamo in migliaia di fatture dei nostri sellers e, ogni giorno, troviamo qualche nuovo documento da studiare.

La nostra mission è quella di sollevare i nostri clienti dagli adempimenti contabili e fiscali che risultano, per l'imprenditore, gravose perdite di tempo. Mi capita spesso di ascoltare storie di aziende che lamentano di ricevere, dal proprio consulente storico, una assistenza fiscale poco "sul pezzo".

E questo si traduce in ricerche caotiche, soluzioni improvvisate, errori… costosi!

Sono, poi, ovunque gli studio fiscali che non sono strutturati per gestire l'infinito numero di fatture generate da un e-commerce. La mancanza di strumenti ad hoc

genera costi elevati per il consulente, che non può fare

altro che aumentare la parcella o rinunciare all'incarico.

Per tutti questi motivi, l'ultimo consiglio che voglio darti è proprio quello di affidarti ad uno studio fiscale che abbia l'esperienza e gli strumenti adatti per gestire la tua contabilità.

Ma non solo!

Consol non avrebbe valore aggiunto se non fosse circondata da altri professionisti specializzati in ambiti complementari a quello della fiscalità italiana.

Formatori, softwaristi, consulenti fiscali esteri, avvocati...

Questi alcuni degli ambiti che costruiscono, con noi, un network di consulenza per il tuo e-commerce.

Ti lascio i nostri riferimenti, attraverso i quali puoi entrare in contatto con noi e con i nostri partners.

E se ti va di conoscerci... ***sono qui, ti aspetto in Consol!***

Deborah

BONUS RISERVATO:

Consulenza gratuita
di 30 minuti
con me!

Scrivimi a **poinelli@consol.srl**
per prenotare la tua call

CODICE SCONTO:
CONSOLIBRO

RINGRAZIAMENTI

Se ho potuto scrivere questo libro, durante il trasferimento della sede, tempestata dalle scadenze fiscali e con la preoccupazione di gestire un'impresa in forte crescita…
È solo grazie a loro.
Grazie al mio Team, che mi supporta e sopporta ogni giorno. Grazie alla mia Famiglia, che mi affianca in ogni progetto.

122